AF494405

1899 - December 16

Vente du Samedi 16 Décembre 1899

HOTEL DROUOT, SALLE N° 9

12.000 ESTAMPES

ANCIENNES

Des XVIe, XVIIe et XVIIIe siècles.

PORTRAITS, CARICATURES, VUES

MODES ET COSTUMES

Ornements

1899

Me Maurice DELESTRE
COMMISSAIRE-PRISEUR
5, Rue Saint-Georges, 5

M. Paul ROBLIN
MARCHAND D'ESTAMPES
65, Rue Saint-Lazare, 65

CATALOGUE

DE

12.000 ESTAMPES

ANCIENNES

DE TOUTES LES ÉCOLES

DES XVIe, XVIIe ET XVIIIe SIÈCLES

Portraits, Caricatures, Vues

MODES ET COSTUMES

ORNEMENTS

Gravures en Lots

DONT LA VENTE AUX ENCHÈRES PUBLIQUES AURA LIEU

HOTEL DES COMMISSAIRES-PRISEURS, RUE DROUOT, N° 9

Salle N° 9

Le Samedi 16 Décembre 1899

à deux heures précises.

Par le Ministère de Me **Maurice DELESTRE**, commissaire-priseur,

5, Rue Saint-Georges, 5.

Assisté de **M. Paul ROBLIN**, Marchand d'Estampes, 65, Rue Saint-Lazare, 65.

PARIS 1899.

CONDITIONS DE LA VENTE

La Vente sera faite au comptant.

Les acquéreurs paieront *cinq pour cent* en sus des prix d'adjudication.

M. PAUL ROBLIN chargé de la vente, se réserve la faculté de rassembler ou de diviser les lots.

DÉSIGNATION

ADAM (Victor)

1. Album militaire, avec la couverture. — Album de Sainte-Pélagie. — Croquades. — Passe-temps. — Vues de Paris. — Chevaux. — Scènes de courses.. Environ 80 p.

ADRESSES

2. Blaisot, m[d] d'Estampes. — Cartouche dédié à J. D. Almoreau Tiepolo. — Activité constitutionnelle du commerce de Bordeaux. 3 p.

3. Marques d'Imprimeurs. — Frontispices. — Lettres ornées des XVI[e], XVII[e] et XVIII[e] siècles. Environ 140 p.

ALIX (P. M.)

4. *Rousseau* (J.-J.). — *Voltaire* (Arouet de). Deux portraits ovales imprimés en couleur d'après Garnerey. Belles épreuves. (Mouillures).

5. Les Maréchaux de France au château de Compiègne, gravé à la manière noire d'après Desrais. (Mouillures).

AUBRY. BOREL (d'après)

6. La Reconnaissance de Fonrose. — Le mariage conclu· — Le mariage rompu. 3 p. par R. de Launay.

AUDOUIN. FORSTER

7. *Berry* (D^sse de), d'après Hesse. — *Marmont*, duc de Raguse, d'après Maneret. — *Oudinot*. duc de Reggio, d'après Robert Le Fèvre. 3 p. in-4. Belles épreuves.

AUDRAN (Les)

8. Vignettes. — Entêtes. — Portraits. — Estampes allégoriques. — Sujets religieux. 23 p.

AVELINE (A.)

9. 4e Livre de formes ornées de rocailles, cartels, figures et oiseaux chinois. 6 p. d'après Mondon le fils. — Les Aventures de Don Quichotte. 3 p. Ensemble neuf pièces.

BARTOLOZZI (Fr.)

10. Music. — Sujets mythologiques. — Reproduction de tableaux des Maîtres Anciens. 15 p. Une est en couleur.

BARTOLOZZI (d'après Fr.)

11. Première leçon d'amour, d'après Schneider. Belle épreuve en couleur.

BAUDOUIN (d'après P. A.)

12. Les Amants surpris par P. P. Choffard (E. B. 3.). Belle épreuve.

BEAUVARLET (J.)

13. La Confidence, d'après C. Van-Loo. Belle épreuve. Sans marges.

BELLA (Steph. Della)

14. Gueux et Mendiants. — Marines. — Costumes. — Vues et Paysages. — Batailles. 25 p.

BELLANGÉ (Hip.)

15. Scènes militaires. — Sujets d'Albums. — Caricatures, etc Environ 85 lithographies.

BELLIARD

16. *Stofflet*, Général Vendéen. Lithographie in-fol.

BERGHEM (d'après Nic.)

17. Une Hôtellerie. — Le Retour à la ferme. 2 p. Une est avant toute lettre.

18. Etudes d'Animaux. — Paysages. Scènes champêtres, etc. Environ 24 p.

BINET (d'après Louis)

19. Le Plaisir de la pèche. — La Solitude agréable. 2 p. par Borgnet et Dugast. Belles épreuves.

20. Vignettes pour les Œuvres de Gessner, et de Restif de la Bretonne. Environ 95 p.

BOILLY (d'après Louis).

21. La comparaison des Petits Pieds, par Chaponnier. Epreuve avec marges,

22. La laitière, gravé à la manière noire par J. G. Huck, 1800. Très belle épreuve.

BOISSIEU (J. J. de)

23. Partie de son Œuvre. 28 p. anciennes et réimpressions.

BOITES (dessus de)

24. Les Sens. — Sujets mythologiques. — Reproductions de frises et de camées, etc. 48 p. anciennes.

BOIZOT (d'après Ant.)

25. La Loi. — Euterpe. — Générosité des femmes Romaines. 3 p. en noir et en bistre.

BOIZOT (F. M. A.)

26. Monseigneur le Dauphin labourant. Gravure à la manière noire, d'après Poulin de Fleins. In-fol. Rare.

BONNART (H.) TROUVAIN

27. *Louis le Grand.* — *Catinat* (M[r] de). — *Philippe V.* — *Victor Amédée II*, duc de Savoie. — *Charles II*, Roy d'Espagne. — *Vendôme* (Duc de). — *Bourgogne* (Duc de). Sept portraits in-4, coloriés.

28. *Foix* (Mme la D[sse] de). — Marchand de Fromage de Marolles. — Crieur de peaux de lapins. - L'Oublieur. — Le Printemps. — L'Escaillière. 6 p. en noir et coloriées.

BONNET (Louis-Marin)

29. La Bergerie. — La Ferme. — La petite Ferme. — Femmes Russes. — Têtes de Jeunes filles, etc. 18 p. à la sanguine et aux crayons de couleur, d'après J. B. Huet, Le Prince, Le Clerc et autres.

BOREL (d'après Ant.)

30. Rendez-vous de chasse d'Henri IV. — Siège d'Orléans en 1429. — Vignettes pour les Œuvres de Berquin, Fielding, etc. 28 p.

BOUCHER (d'après Fr.)

31. Le Départ du Courrier, par Beauvarlet. Belle épreuve à toutes marges.

BOURGEOIS DE LA RICHARDIÈRE

32. *Barré, Desfontaines, Radet*, in-4 d'après Vincent. Belle épreuve.

BOYVIN (René)

33. Histoire de Jason et de la conquête de la Toison d'or. 13 p. du 3e état. — Jupiter. — Proserpine. Ensemble 15 p.

BREBIETTE (Pierre)

34. Partie de son Œuvre. Environ 125 p.

BRENTEL (Fréd.)

35. Pompe funèbre de Charles III, Duc de Lorraine, d'après Claude de la Ruelle, 1608. 8 p. (mauvaise conservation).

CALLOT (Jacques)

36. Partie de son Œuvre. Environ 290 p. originales, copies et réimpressions.

CAMPION (C.)

37. Vue du Portail de l'Eglise Cathédrale d'Orléans. — Vue de Meùng-sur-Loire. — Vue du Martroy. 4 p.

CARICATURES

38. Cris de Paris, publiés chez L. M. Petit. 8 p. coloriées à toutes marges.

39. Cris de Paris. — Scènes de la Rue. — Grimaces. 11 p. par Boilly et Carle Vernet. Epreuves en noir et coloriées.

40. Caricatures par Philippon, Scheffer, Valmont, Martinet et autres. 25 p. coloriées.

41. Caricatures sur les Mœurs. — Scènes de la rue. — Musée grotesque. — Le Suprême Bon-ton, etc. 16 p. coloriées.

CARS (L.), CHEREAU (Fr.)

42. Le Temps enlevant la Vérité, d'après Le Moyne. — Vertume et Pomone, d'après Marot. 2 p. Belles épreuves. Marges.

CASTELLI (Bernardo)

43. La Gérusalemme di Torquato Tasso. 2 titres et 20 pl. 1617, pet. in-fol. cart.

CHARDIN (d'après J. B. S.)

44. La Gouvernante. — La Mère laborieuse.— Le Négligé ou la toilette du matin. — La Pourvoyeuse. — La Ratisseuse. 5 p. par Lépicié et autres. Bonnes épreuves.

CHARON

45. Molière annonçant la défense du *Tartuffe*. — Regnard sur les bords de la mer glaciale. — J. J. Rousseau en Suisse persécuté et sans asile. — Voltaire à la Bastille, composant *la Henriade*. Suite de quatre portraits en pied, gravés à la manière de lavis d'après Bouchot. Belles épreuves. Grandes marges. (Mouillures).

CHARPENTIER (Fr. Ph.)

46. L'Emplette inutile, par N. de Launay. — Cartouches. 4 p.

CHEVALIER (J. Alex.)

47. 4e cahier de Charges à l'eau-forte, 1771. 7 p.

CHEVILLET

48. Réprimande maternelle, d'après De Peters. In-fol.

CHODOWIECKY, RIDINGER

49. Vignettes pour Almanachs et Romans. — Etudes d'animaux. — Scènes de Fauconnerie. — Chasses, etc. Environ 40 p.

CHOFFARD (P. P.)

50. Caravane Kamtschadale arrivant dans un ostrog ou village. — Les Amants surpris, d'après Baudouin. — Portraits de Basan. — Vignettes pour Ovide. Faublas, etc. 11 p.

COCHIN (Les)

51. Sujets de l'Histoire Sainte. — Allégories. — Vignettes, etc. 17 p.

COCHIN LE FILS (d'après C. N.)

52. Grand cartel pour un plan de la Ville de Reims, gravé par Massard, 1768. Rare épreuve à l'état d'eau-forte pure. Marges.

COCHIN LE FILS (d'après C. N.)

53. Suite de six figures in-4 pour l'*Emile* de Rousseau. Epreuves à toutes marges. (Mouillures).

COLIBERT

54. Ah ! comme ils sont intéressans, d'après Frères. Belle épreuve.

COSTUMES, COIFFURES

55. Costumes parisiens. — Coiffures époque Louis XVI. — Costumes d'acteurs, etc. 34 p. coloriées.

56. Modes et Costumes des Epoques Louis XIV et Louis XVI. 25 p.

COYPEL (d'après Charles)

57. Les Saisons. — Renaud et Armide. — Les Aventures de Don Quichotte. 22 p.

CUSTODIS, WIERIX

58. Marguerite, femme de Philippe III. — Jésus-Christ. — Sainte Appoline. — *Bruno* (Tobias). 4 p Belles épreuves.

DAULLÉ (J.)

59. La Muse Clio. — L'Enfant qui joue avec l'Amour. — Paysannes au bord d'une Rivière. 3 p. d'après Boucher, Van Dyck et Dietricy.

DAVID

60. A la gloire de Napoléon, Empereur des Français. Titre avec portrait et 4 p. d'après Ch. Monnet. Belles épreuves avant la lettre, imprimées à la sanguine.

DE BRIE, DU BOURG (d'après)

61. Figures in-4 pour les *Aventures de Télémaque*. Ed. de 1734. 18 p. Plusieurs sont avant la lettre.

DEBUCOURT (P. L.)

62 La Bénédiction Paternelle ou le départ de la Mariée. Belle épreuve. (Mouillures).

DEBUCOURT (P. L.)

63. Retour des Champs, d'après C. Vernet. Belle épreuve en couleur. Grandes marges.

64. Vue de l'Intérieur d'une Ferme en Picardie. Belle épreuve. Grandes marges.

DE FRAINE, FREUDENBERG, GERARD (d'après)

65. L'Acte d'Humanité. – Les Epoux curieux. -- L'Horoscope accomplie. — Les Regrets mérités. 4 p. anciennes et reproductions. (Une est sans marges).

DEMARTEAU (G.)

66. La Justice protège les Arts (125). — La Justice fait prendre la plume, la Raison dicte (194). — La Dormeuse (535). 3 p. à la sanguine, d'après Cochin et Le Prince. Belles épreuves.

67. Lycurgue blessé dans une sédition, gravure à la sanguine d'après C. N. Cochin le fils, 1760. Belle épreuve à toutes marges.

68. Grand corps de garde, d'après Vanloo (467). -- Ganimède, d'après Le Barbier (513). Deux pièces à la sanguine à toutes marges.

69. Trophées. — Paysages d'après Houël. -- Costumes de Femmes Russes d'après Le Prince. - Têtes d'expressions, etc. 17 p. en noir et à la sanguine.

DESFRICHES (d'après).

70. Vue des ouvrages du Pont d'Orléans tels qu'ils étaient le 28 juillet 1752, par Chedel, pet. in-fol. Belle épreuve

DOLIVAR (Jean), architecte

71. Sonnet sur la fin de l'homme. Cartouche orné, in-fol.

DORIGNY (Michel)

72. Bacchanales. — Frises. — Sujets mythologiques et religieux. 12 p.

DUGOURC (J. D.)

73. Arabesques, 1782. Suite de six pièces. Très belles épreuves. Grandes marges.

DURUISSEAU

74. Paysages, d'après Le Clerc, Parizeau, Wille, etc. 7 p. à la sanguine.

ECOLE ANGLAISE

75. *Brunton* (Miss). — Hope. — The Benevolent Cottager. — The Nut brown maid. — Anna. — A. Widow. — A. Wife. — Lotte et Werther, etc. 13 p. en noir et à la sanguine.

EDELINCK (Gérard)

76. Sainte Madeleine, d'après Ch. Le Brun (R. D. 32). Belle épreuve.

EISEN (d'après Ch.)

77. Le Consentement refusé, par Dorgez, in-4. Belle épreuve.

78. En-têtes, Frontispices, Vignettes, pour les principaux ouvrages du XVIIIe siècle. Environ 100 p.

FISHER (Edw.)

79. Jason. — Cavalier franchissant une barrière. Deux pièces gravées à la manière noire. Sans marges.

FREY (J. de)

80. Eaux-fortes d'après Rembrandt. 8 p.

GAILLARD (F.)

81. *Dom Prosper Guéranger*, Abbé de Solesme, in-4 (H. B. 38). Très belle épreuve avant la lettre sur papier de Chine, à toutes marges.

GAULTIER (L.). **LEU** (Th. de)

82. Portraits. — Paysages. — Sujets Religieux. 18 p.

GÉRARD (d'après Mlle)

83. L'Elève intéressante, par Tassaert. In-fol.

GÉRARD (d'après Fr.)

84. Belisaire, par Aug. Desnoyers. — Homère, par R. U. Massard. Deux pièces faisant pendants. Belles épreuves du 1er tirage avec le cachet. Grandes marges.

GÉRICAULT (Th.)

85. Le Factionnaire Suisse au Louvre (Ch. Cl. 14 R). Belle épreuve. Marges.

GILLOT (C.)

86. Feste de Bacchus. — Feste de Diane. — Feste de Faune. — Feste du Dieu Pan. Suite de 4 p. en larg. Très belles épreuves.

87. La Naissance. — L'Education. — Le Mariage. — Les Obsèques. Suite de 4 p. en larg. Belles épreuves.

88. Portrait et vignettes pour les Œuvres de Boileau. — Portrait au naturel, etc. 9 p.

GIRARD (à Paris chez)

89. L'Amour désarmé. Belle épreuve en couleur. Grandes marges.

GOLTZIUS (Par ou d'après H.)

90. Emblêmes. Allégories. Environ 40 p. originales et réimpressions.

GREEN (V.)

91. Elinus Morton âgée de 4 ans, gravé à la manière noire d'après R. M. Page. Belle épreuve avant la lettre. (Mouillures).

GREUZE (d'après J. B.)

92. La Privation sensible, par J. B. Simonet. Belle épreuve à toutes marges.

93. *Favart* (Mme). — Paysanne. — La Frileuse. — La Fleuriste. — La Petite Sœur. — Savoyarde de Montmélian. — Paysanne Bolonaise. — La Piété filiale. — Le divertissement gracieux d'une famille villageoise. — Le Père de famille. — L'occupation paisible, etc. 12 p. in-4 et in-fol.

GRIGNION (C.)

94. Pièce satyrique sur Voltaire et Jean-Jacques Rousseau, in-8.

GUTTEMBERG (Ch.)

95. Guillaume Tell, d'après Fuessli. In-fol. en larg.

HAID (I. J.)

96. Abraham offering up his Son Isaac, d'après Rembrandt. In-fol. à la manière noire. (Manque de conservation).

97. L'Ingratitude. — La Jeunesse studieuse. — Histoire de l'Enfant prodigue. 5 p. à la manière noire.

HÉRISSET (Ant.)

98. Planches pour la Description de Paris, par Piganiol de la Force, 1742. 18 p.

HOLLAR (W.)

99. La Danse des Morts. — Portraits. — Paysages. — Marines. — Insectes, etc. Environ 80 p.

HOUASSE (Michel-Ange)

100. Le Testament de Jeanne. — Le Triomphe de la Nopce de Jeanne. — La Fontaine des Amoureux. — Le Dénicheur malheureux. 4 p.

HUET (d'après J. B.)

101. L'Amour couronné par les Grâces, par Chaponnier· Belle épreuve en couleur. (Mouillures).

102. Paysages. — Pastorales. — Têtes d'expression et modèles de coiffures. — Etudes d'animaux. 30 p. en noir et la sanguine.

HULLMANDEL (C.)

103. Scènes de Rome. Suite de six lithographies in-4 en larg.

INGOUF LE JEUNE

104. *Rousseau* (J.-J.). — *Le Clerc* (Michel). — Intérieur d'Ecurie. 3 p. Une est avant la lettre.

JAZINSKY

105. La femme au manchon, d'après Mme Vigée-Le Brun. Belle épreuve d'artiste avec remarque, imprimée sur parchemin et signée par le graveur.

JOHANNOT (Alfred et Tony)

106. Vignettes pour les Œuvres de Béranger 1829, Rousseau, Lafontaine, Molière, Delavigne, Millevoye, Lamartine, Cooper, Chateaubriand, Scribe, etc. Environ 340 p.

JUBIER

107. Les Baigneuses. — Les Laveuses. — Vue de l'intérieur d'une Ferme. — Sujets gracieux. — Ornements. 13 p. à la sanguine et aux crayons de couleur.

KAUFFMANN (d'après Ang.)

108. The Parting of Abelard and Eloisa. — Cymon and Iphegenia. — Bacchantes et Satyre. — Moulines. — Abelard and Eloisa surprised by Fulburg. Sept pièces de forme ronde en noir et à la sanguine.

LAGRENÉE (d'après F)

109. Bacchus et Ariane. — Erato. 2 p. Une est en couleur.

LAINDOR DE TOULOUSE

110. Les Friands de Cerises. — La Danse en rond. — La Sortie de l'Ecole. — La Main chaude. — Jeu de la savatte. — Les Oies de Frère Philippe. — Jeune villageois. 9 p. d'après Challe, Westall et Hamilton.

LA JOUE, HUQUIER

111. Recueil nouveau de différents cartouches inventés par le Sr de la Joüe. 12 p. gravées par Cochin, Huquier et Joullain. — Vases. — Sujets divers. 20 p.

LANCRET (d'après Nic.)

112. La Terre, gravé par Wolff. Belle épreuve.

LANGLOIS (Fr.) DIT DE CIARTRES

113. Naïade. — St Thomas. — Tamerlan. — Pythagore. — Démocrite. 5 p.

LANTARA (Mathurin)

114. Vues de Paris. – Paysages. 20 p. la plupart imprimées à la sanguine.

LARMESSIN (Nicolas de)

115. L'Eté. — L'Automne. — Les Amours du Bocage. — L'Adolescence. — La Vieillesse. — Portraits, etc. 8 p. d'après Lancret, Pierre et autres.

116. Le Faucon. — Le Petit chien qui secoue de l'argent et des pierreries. — La Servante justifiée. — Le Villageois qui cherche son veau. — La Jument du compère Pierre. — Le Bast. — Le Magnifique. 7 p.

LAVREINCE (d'après Nic.)

117. Le Billet doux, par N. De Launay, épreuve d'un ancien tirage. (La marge du bas est coupée).

LE CLERC (Sébastien)

118. Batailles d'Alexandre. — Costumes. — Vignettes. — Etudes. — Vues. — Paysages, etc. Environ 68 p.

LE GRAND (Aug.)

119. Histoire de Paul et Virginie. Suite de 4 p. in-fol. en larg. d'après Challe, épreuves en couleur. On y a joint deux planches doubles en noir. Ensemble 6 p. (Mouillures).

LE PAUTRE

120. Frises. — Trophées. — Rinceaux. — Vases. — Sépultures et Epitaphes. — Sujets divers. Environ 105 p.

LE PRINCE (d'après J. B.)

121. Le Bonheur du ménage. — L'Enfant chéri. Deux pièces faisant pendants par N. De Launay. (Une épreuve porte le nom de Marel).

LE PRINCE (A. X.)

122. Les Patineurs. Lithographie in-4 en larg. Belle épreuve sur papier de Chine.

LE ROY (Mlle)

123. Vue d'une laiterie près St-Maur-les-Paris. — Vue du Moulin de Montville près Liancourt. Deux pièces à la sanguine d'après Le Sueur.

LESPINASSE (Le Chevalier de)

124. Le Bac. — Le Temple de l'Amour. — La Pêche. 3 p. à l'eau-forte pure.

LUCIEN (J. B.)

125. Jeux d'enfants. — L'Entrée du château. — Paysage. 3 p. à la sanguine.

MAILE (G.)

126. L'Horoscope, gravé à la manière noire, d'après Franquelin. Marges

MALEUVRE (P.)

127. Aux Mânes de Jean-Jacques Rousseau. Avec portrait en médaillon dans le bas de l'estampe, d'après Paul. In-fol.

MÉCHEL (Publ. par Chr. de)

128. *Schüppach* (Michel), Médecin praticien très renommé à Langnau. — Le Chanteur de Foire, par Romanet. 2 p. Belles épreuves.

MEHEUX (Fr.)

129. Le Marchand de mort aux rats, d'après C. Visscher (Le B. 2.). Belle gravure à la manière noire. Rare.

MESLIN (Ch.)

130. Ex-voto. (R. D. 1). Seule pièce gravée par ce maître. Belle épreuve.

MONNET (d'après Ch.)

131. Renaud et Armide, par Vidal. Belle épreuve (doublée).

132. Vignettes et titres in-4 pour les *Aventures de Télémaque*. 39 p. gravées par Tilliard. Epreuves à toutes marges. Plusieurs sont avant la lettre.

MORIN (I.)

133. *Guise* (Henri de Lorraine, duc de), d'après Citermans, in-4. Belle épreuve à toutes marges.

MORLAND (d'après G.)

134. Domestic Happiness. — La Porte de la taverne. — La Belle Pénitente. 3 p. par Bartoloti.

OSTADE (Adrian Van)

135. Partie de son Œuvre. Environ 38 p. anciennes et reproductions.

PAPILLON (Les)

136. Lettres ornées. — Vignettes. — Frises. — Allégories. — Emblêmes. Environ 35 p. gravées sur bois.

PARVILLÉE (à Paris chez)

137. Le Cabaret de Ramponneau, vu de l'extérieur. Belle épreuve. (La marge du bas est coupée).

PATRON

138. Tithon et Aurore, gravé à la manière noire d'après Rubens. Belle épreuve.

PÉRELLE (Les)

139. Vues de France et d'Italie. — Paysages. — Marines. Environ 55 p.

PETIT

140. Eole, d'après Bourchardon, gravure à la sanguine, à toutes marges.

PICART (Bernard)

141. La dédicace de la Synagogue des Juifs Portugais à Amsterdam. — Messe solennelle. — Vignettes -- Portraits. — Frontispice. 13 p.

PICOT (V. M.)

142. Jacob Meeting Rachael ; d'après Le Moine. — The Corresponding Lady, d'après Metzu. 2 p. (Mouillures).

PIERRE (d'après J. B. M.)

143. L'Enlèvement d'Europe, par L. Lempereur. Belle épreuve.

PIRANESE (J.-B.)

144. Ruines. 11 p.

PRENNER (Ant. Jos. de)

145. Theatrum Artis pictoriæ. Vienne, 1728, pet. in-fol. cart. 42 pl.

PRÉVOST (B. L.)

146. Une Leçon d'anatomie du cheval, d'après Sollier, in-4. Belle épreuve avant la lettre.

PRUD'HON (d'après P. P.)

147. La Soif de l'or. — Joseph et la femme de Putiphar. — Les Vendanges. — Le Triomphe de Vénus. — La Justice. — Marguerite, etc. 14 p., gravures et lithographies.

RAFFET (Aug.)

148. Lithographies, sujets d'Albums. — Vignettes, pour les Œuvres de Paul de Kock, Chateaubriant, Walter Scott, Histoire de Napoléon, etc. — Catalogue de l'Exposition de Raffet. Environ 55 p.

RANSON.DE SÈVE (d'après)

149. Livre de Trophées des Arts et Sciences. — 2e livre de culs-de-lampe, d'après de Sève. 9 p. par Mondhare. Belles épreuves.

REGNAULT (N. F.)

150. Matin. — Soir. Deux pièces. (Mouillures).

REMBRANDT VAN RIJN

151. Partie de son Œuvre. Environ 45 p. Copies ou reproductions.

RIGAUD (d'après H.)

152. *Orléans* (Dsse d'). — *Saxe* (Maurice de). — *Harcourt* (Henry de). — *Boileau*. — *Rousseau de la Parisière*, Evêque de Nîmes. — *Tourreil* (Jacques de). — *Burnet* (G.). — *Sainte Marthe* (Abel de), etc. 16 portraits in-4 et in-fol.

ROGER (B.)

153. Le Messager galant, d'après Beades. Rare.

ROUBILIAC

154. La Buze cherchant sa proie, d'après Desmoulins. Belle épreuve aux crayons de couleur.

RUBENS (d'après P. P.)

155. Sujets Religieux. — Portraits. — Paysages. — Allégories. 12 p.

SAENREDAM (Jean)

156. La Parabole des cinq Vierges sages et des cinq Vierges folles. Suite de cinq estampes (B. 2-6). Epreuves du 2e état avec le nom de Jansonius.

157. Le Prophète Elie arrivant chez la veuve de Sarepta (B. 19). — Elie nourri dans le désert par deux corbeaux (22). — Les Filles d'Israël chantant les louanges de David qui revient victorieux du géant Goliath (109). Trois pièces d'après Blœmaert et N. de Clerck.

158. Les Divinités des sept planètes et les occupations des hommes, auxquelles elles président. Suite de sept estampes (B. 73-79). Très belles épreuves.

159. Un Paysan et une Paysanne Hollandaise (102). — Les Trois Mariages d'Amour, des Richesses ou du Diable. — Luna. — Sujets divers. 9 p.

SAINT-NON (d'après)

160. Eaux-fortes d'après les Maitres Italiens. 11 p. et 1 brochure.

SAREBAT (S.)

161. Fête Bachique, gravé à la manière noire d'après Gillot. Belle épreuve, rare.

SILVESTRE (Israël)

162. Vues, Paysages, etc. 25 p.

SIMON (Pierre)

163. Paysages, d'après Francisque. 20 p.

SMITH (I.)

164. His Highness William Duke of Glocester and M. Benj. Bathurst, à la manière noire d'après T. Murrey.

SPIZEL (Gabriel)

165. Le Joueur de Cornemuse. — Le Joueur de Guitare. 2 p. gravées a la manière noire d'après Watteau. (Le Bl. 15, 16). Belles épreuves.

TECTI DOLI

166. Fiducia, 1579. Très belle épreuve.

TEMPESTA (Ant.)

167. Batailles. — Chasses. — Animaux. 11 p.

TENIERS (d'après D.)

168. 2me Fête de Village, gravé par Le Bas. Très rare épreuve à l'eau-forte pure. Marges.

169. Portraits. — Fêtes flamandes. — Fumeurs. — Paysages, etc. Environ 30 p.

TEXIER

170. L'Arrivée du Roi de Prusse aux Champs Elisés et sa réconciliation avec Voltaire par Henri IV, in-fol. en larg.

TRESCA (Salv.)

171. L'Origine della Pittura, d'après D. Allan. Belle épreuve.

VELDE (Jan Van den)

172. Les Eléments. — Paysages, 8 p. Belles épreuves.

WATERLOO (Ant.)

173. Paysages. Environ 85 p.

WATTEAU (d'après Ant.)

174. Départ des Comédiens Italiens en 1697, par L. Jacob (70). Belle épreuve.

175. Le Lorgneur. — La Lorgneuse. Deux pièces faisant pendants. Epreuves sur papier de Chine.(Reprotions).

176. Le Naufrage. (Ed. de G 24) — Promenade sur les remparts. — Le Printemps, sujets gracieux. 15 p. anciennes et reproductions.

WEIROTTER (Fr. Ed.)

177. Paysages. 19 p. Belles épreuves.

WILDENS (d'après Jean)

178. Les Mois de l'année. Suite de 12 p. gravées par J. Matham, H. Hondius et And. Stock. Belles épreuves.

WILLE FILS (P. A.)

179. L'Essai du corset, par Dennel. — Petit Vaux-Hall. Deux pièces.

WOOD (John)

180. La Tentation de Saint-Antoine. (Le Bl. 8). Belle épreuve.

181. Sous ce Numéro, il sera vendu par lots, environ 10.000 Estampes de toutes les Ecoles, des XVIe,XVIIe et XVIIIe siècles. Vues, Paysages, Portraits, Ornements, Vignettes, Caricatures, Modes et Costumes. Albums et recueils, etc.

Grande Imprimerie du Centre. — Herbin, Montluçon